PULVERIZADOS

Alexandra Badea

PULVERIZADOS

Tradução: Marcio Abreu

COLEÇÃO
DRAMA-
TURGIA
FRANCESA

Cobogó

A descoberta de novos autores e novas dramaturgias é a alma do projeto artístico que estamos desenvolvendo em La Comédie de Saint-Étienne desde 2011. Defender o trabalho de autores vivos e descobrir novas peças teatrais significa construir os clássicos de amanhã. Graças ao encontro com Márcia Dias, do TEMPO_FESTIVAL, e à energia dos diferentes diretores dos festivais que compõem o *Núcleo*, nasceu a ideia de um *pleins feux* que permitirá associar oito autores franceses a oito autores brasileiros e traduzir, assim, oito peças inéditas de cada país no idioma do outro; no Brasil, publicadas pela Editora Cobogó.

Na França, o Théâtre national de la Colline (Paris) e o Festival Act Oral (Marselha) se associaram à Comédie de Saint-Étienne para dar a conhecer oito peças brasileiras e seus autores.

Romper muros e construir pontes para o futuro: essa é a ambição deste belo projeto que se desenvolverá ao longo de dois anos.

Arnaud Meunier
Diretor artístico
La Comédie de Saint-Étienne,
Centre dramatique national

SUMÁRIO

Sobre a tradução brasileira, por Marcio Abreu   9

PULVERIZADOS   13

Sobre a Coleção Dramaturgia Francesa,
por Isabel Diegues   79

Intercâmbio de dramaturgias, por Márcia Dias   83

Plataforma de contato entre o Brasil e o mundo,
por Núcleo dos Festivais Internacionais de Artes
Cênicas do Brasil   85

Sobre a tradução brasileira

Há sempre algo que escapa

Uma língua é sempre um acúmulo em movimento. Cada idioma é uma espécie de música. O exercício de traduzir é uma mistura de rigor, invenção, prazer e frustração. Restituir uma experiência de linguagem num idioma outro é, em certa medida, expandir limites, criar novas maneiras de dizer o já dito, deslocar a paisagem para outro contexto, mas é também perceber limites e potencializar a escrita a partir daí.

Há sempre algo que escapa e talvez a maior potência esteja aí, no fato de poder ser sempre outra coisa, outra palavra, outras possibilidades. De algum modo, traduzir é dinamizar o movimento das palavras, que se agitam para refazer os sentidos, para abrir novos sentidos numa nova língua sem perder a vibração original, mas ressoando em novas frequências.

Escrever é, antes de tudo, ler. É, então, a partir da leitura que faço do texto de Alexandra Badea que experimento um caminho para a sua tradução. *Pulvérisés* é um texto bastante sonoro, no qual o fluxo das palavras sugere conexões com as situações que se articulam ao longo de uma estrutura dividida em 28 partes. Cada parte recebe um título que corresponde ao lugar social, profissional e geográfico dos personagens. São partes autônomas, como quadros que bastam em si, que promovem possibilidades de leitura, mas que se desenvolvem em narrativas ao longo do texto.

Essa estrutura revela com agudeza aspectos do mundo globalizado, no qual a exploração do homem pelo homem é a base de tudo, no qual o capital devora as subjetividades, no qual a grande engrenagem dos mercados mundiais usa seres humanos como instrumentos a serviço da manutenção dos privilégios de poucos. O texto dialoga com temas como a exploração no universo do trabalho, a colonização, o racismo, a globalização e os extremos e absurdos de um capitalismo esmagador.

Vemos surgir uma galeria de personagens, situações e histórias de vida que tentam resistir de alguma forma ao esmagamento, ao desaparecimento, à pulverização.

Obra importante para os momentos atuais. Palavras que podem ressoar num Brasil como o de hoje, onde os trabalhadores perdem cada vez mais os seus direitos e uma violência institucionalizada se coloca como perspectiva. Obra importante para se juntar às inúmeras e potentes ações de resistência no campo da arte.

Marcio Abreu
Rio, 24 de junho de 2019.

PULVERIZADOS

de **Alexandra Badea**

1. RESPONSÁVEL TERCEIRIZADO PELO CONTROLE DE QUALIDADE DOS TERCEIRIZADOS LYON H

Você abre os olhos
Pálpebras pesadas
Seu corpo desliza nos lençóis
Contração do grande adutor magno
Espasmos múltiplos do tríceps
Boca seca
Secura na mucosa da cavidade oral/
Você abre os olhos e fecha de novo/
Agressividade do ambiente
Você não reconhece o cheiro da cama
Você não reconhece nada aqui
Nem mesmo as caixas de fósforos, as garrafinhas de plástico de uísque, os cotonetes, os chinelos descartáveis ou a graxa para sapatos/
Você está pulverizado no espaço
Você está fora do tempo, perdido entre latitudes e longitudes que se confundem na sua cabeça
Délhi, Tóquio, Dacar, São Paulo, Kiev, Hong Kong, Santiago/
Você abre os olhos
Você abraça o travesseiro e você procura/

Por alguns segundos você é incapaz de se localizar no seu mapa interior

Você fecha os olhos

Rabat, Cidade do México, Bucareste, Kinshasa, Melbourne, Kuala Lumpur

Nada nada nada disso

Seu olhar embaçado percorre o quarto 9715

A mesma decoração cinco estrelas, padronizada, asséptica e serena

para que você não perca suas referências de Bogotá a São Petersburgo

Your Host from Coast to Coast/

Só um detalhe salva

A etiqueta da bagagem XA, de Xangai

Você abre os olhos

Você bebe um copo d'água

Você olha o relógio – 18h37

Lá fora um escuro profundo

18 horas e 37 minutos de qual país?

Mais perdido ainda num fuso horário improvável você liga a televisão

CNN 16h37

Al Jazeera 21h37

GloboNews 15h37

BBC 19h37

ChannelNewsAsia 2h37

São 2h37 na sua casa, lá onde você se encontra nesse momento da sua vida, entre dois aviões com destino incerto, antes de um encontro marcado com três meses de antecedência na agenda do seu iPad, que tem como fundo de tela a foto de uma família feliz à beira-mar. Você nem sabe mais que beira-mar. "O mar é igual em qualquer lugar."

Você olha o relógio de pulso e se pergunta por que ele mudou para 19h37/

Um momento de vazio

Córtex pré-frontal seco

Nenhuma informação a decifrar

E você se lembra

Roteiro:

Saída de Paris domingo às 16h20 com chegada a Dacar às 19h55.

Segunda-feira 7h-16h verificação de pendências e saída às 17h45 com escala em Dubai às 7h20 e chegada a Xangai terça-feira às 23h25

Quarta-feira 9h-19h análise de riscos e saída às 22h45 com escala em Istambul às 05h45 e chegada a Bucareste quinta--feira às 9h45 para um estudo técnico das 11h às 18h e saída às 20h05 com chegada a Paris às 22h15.

2. SUPERVISOR DE TELEMARKETING (*TEAM-LEADER*) DACAR H

Você passa por cima do corpo adormecido do outro lado da cama

Você atravessa o quarto vizinho

Outros corpos dormem/

Você sai no pátio

Você abre a torneira e enfia a cabeça embaixo d'água

Você fica assim por um minuto

Cabeça embaixo d'água/

Finalmente seu cérebro respira depois de uma noite povoada por pesadelos com telefones tocando e telas piscando

Você continua com a cabeça embaixo d'água e continuaria assim por horas

Mas o tempo corre e você precisa alcançá-lo/

Você veste um short e uma camiseta

Você come o arroz queimado da noite anterior

E você vasculha dentro do travesseiro em busca de algum dinheiro/

Seu vizinho ainda dorme, então você pode procurar tranquilo

A quantidade de dinheiro te dá medo

Seria bom trocar em euros a metade do que tem dentro do travesseiro/

Você hesita, seu vizinho se vira a seu lado

É arriscado

Ele poderia abrir os olhos a qualquer momento

Então você deixa pra lá e sai/

Você corre

O arroz revira no seu estômago e você corre

A van *Sainte Marie-Bonne mère* arranca antes que você a alcance

Seu coração acelera

Sobe uma raiva

Você aperta os punhos e você se cala/

Você coloca fones de ouvido e escuta

"O tempo dos milagres não acabou

Os cegos enxergam

Os paralíticos andam

Os loucos encontram a razão

Os mortos ressuscitam

Jesus é a solução
para todas as doenças e para todos os problemas
Então se você também quer que ele aja na sua vida
Coloque sua fé em ação
Creia nos milagres
Creia em Jesus
Porque ele logo voltará"

Na quarta faixa do CD de pregação, vendido a 5 mil francos CFA na sua igreja, com a fotocópia em preto e branco do apóstolo na capa,

A van *Société musulmane-La vérité* passa

Pegar a van te aborrece, mas o tempo corre e você precisa alcançá-la/

Você acha um lugar na escada externa e durante o trajeto você escuta:

"Deus pode te preencher espiritualmente
Deus pode te preencher emocionalmente
Deus pode te preencher com inteligência
Deus pode te preencher com uma estratégia essa manhã

A estratégia que te falta para, talvez, abrir uma porta na sua vida"

3. OPERADORA DE FABRICAÇÃO XANGAI M

Você ouve seu nome/
Vem de longe
Como se viesse da sua cidadezinha a 3.700 km daqui
Como se fosse dito pela sua avó a 35 horas de trem daqui
Como se fosse trazido pelo sopro dos mortos que adubam a terra dos seus pais

Você ouve o seu nome e sente a sua carne tremer sob as patas dos insetos/

Você abre os olhos

Cinco corpos de mulheres se agitam ao redor da cama

- Da-Xia, Da-Xia
- Você está atrasada.
- Levante-se
- Lave-se
- Rápido
- Senão, 5 iuanes
- Ou 10
- 5 o minuto
- Se dez minutos, a manhã inteira
- E te descontam meio-período
- Anda
- Vai
- De pé
- Você dorme depois.

Depois quando? Depois de quê?

Perguntas idiotas que atravessam seu cérebro nublado de cansaço.

Você mergulha a cabeça num balde d'água

Com três movimentos escova os dentes

Você enfia o uniforme amarelo fosforescente feito na China e sai do dormitório/

Não tem tempo de olhar seu rosto marcado por um eczema que não passa

Você se junta à marcha comum

Você corta o espaço com os braços balançando e respira/

Você cruza 300 metros dos 17 quilômetros de esteiras rolantes

As grades vigiadas 24 horas por dia por guardas de segurança, a fonte do amor,

a estátua de Buda,

a cantina fechada e você chega/

Um cartaz com cores vivas sorri pra você

"Nós te desejamos um bom dia"

4. ENGENHEIRA DE ESTUDOS E DESENVOLVIMENTO BUCARESTE M

Você coloca a mamadeira no micro-ondas

Você liga a cafeteira

Você joga 5 ovos na frigideira

E com a outra mão você escova os dentes/

Ele ainda está no chuveiro

Você bate com força na porta do boxe

E você cospe/

Você acorda a menor, ela começa a chorar

O maior não quer se mexer da cama

Então você lhe dá umas palmadas/

Ele sai do chuveiro e passa creme de barbear

Você entra no chuveiro depois de ter dado mamadeira pro bebê

E o dia começa/

Seu dia começa sempre embaixo do chuveiro

É seu único espaço de privacidade

Você fecha os olhos e sonha com uma ilha
Sozinha numa ilha tomando um drinque *Lady blue*
Sem computador sem internet sem crianças/
Você esvazia o sabonete líquido na pele e se acaricia
Seu único momento de ternura no dia/
Depois você sai e se veste
Vermelho e preto hoje
O vermelho energiza e hoje você precisa de energia
Você espera há 3 meses esse estudo técnico com o sócio francês
Você preparou tudo, mas tem medo
E você tem medo, sobretudo, de espalhar seus medos/
O slogan da unidade de pesquisa toca na sua cabeça
Mirar a excelência
Você aplica três camadas de base insistindo bastante nas olheiras
E você repete em voz baixa
Mirar a excelência/
Eu miro a excelência
Eu vou mirar a excelência/
O cheiro de óleo fervendo te reconecta com o presente
Três goles de café um beijo na testa da menor
E você puxa o maior pelo braço e o leva para o carro
Em seguida você liga o rádio na Radio France e repete cada frase do jornalista para melhorar, treinar, praticar, blindar, armar sua pronúncia do francês

5. RESPONSÁVEL PELO CONTROLE DE QUALIDADE DOS TERCEIRIZADOS LYON H

Você zapeia. Você zapeia. Você zapeia e não se importa

... cerca de trinta mísseis foram lançados...

... violence between Palestinian militants and Israeli forces, as cross-border attacks continue...

... incidentes causaram confronto entre polícia e manifestantes...

... Karachi is one of the largest cities in the world and in recent months has become one of the deadliest. Hundred of people have been killed in ethnic...

...为了减少青少年犯罪，保护未成年人的利益，国家商务委员会发出通知，周四在他承诺将积极打击涉及儿童的犯罪...

... preso numa mina de carvão no interior do...

... novo apelo à generosidade do público para ajudar as vítimas da fome na...

مقتل الاحد العراق شمال في قرية في التركي الجيش نفذها جوية غارة في مسؤول وقال ....
... الاكراد ن الانفصاليي ضد عمليات اطار في اشخاص سبعة،...

... vor Somalias Küste warden immer wieder Schiffe von Piraten überfallen. Auch deutsche Schiffe sind davon betroffen. Um die Schiffe besser zu schützen, erwägt die Bundesregierung...

... o ministro do Interior revelou seu objetivo de redução da imigração legal no...

A política não te interessa mais. No entanto você adora assistir às caras das apresentadoras, os lábios que se mexem rápido, os seios apertados dentro dos terninhos escuros, os olhos lacrimejantes quando elas anunciam uma nova catástrofe, os sorrisos, principalmente os sorrisos, mesmo quando são falsos. Isso te alivia. Isso te dá força. Isso te dá confiança. Você pode continuar amando o ser humano, porque ele é solidário e afetuoso. Ele se mistura ao sofrimento universal mesmo quando produzido bem longe, em lugares onde ele se sente culpado por despejar lixo e por encher aviões com mercadorias a preço de banana. O ser humano é afetuoso e você lê seu afeto nos lábios das apresentadoras e você sente seu afeto na pele, e o afeto sobe na sua garganta e você alivia o afeto com uísque e você liga o computador para despejar esse afeto, você liga para a sua mulher, ela liga a webcam e você vê que ela está sentada no sofá vermelho de couro ao lado do seu filho de 5 anos.

– Tudo bem?

– Tudo bem.

– Tudo certo?

– Tudo certo.

– Que bom.

– Que horas são aí?

– 3 e 20.

– Está sol?

– Está de noite.

– Você não dorme?

– Não consigo. Que horas são aí?

– 21 e 21.

– Ele não dorme?

– Ainda não.

– Ele tem aula amanhã.

– Não. Amanhã é sábado.

– Não é sexta?

– Não, sábado.

– Vocês comeram o que?

– Bife à rolê.

– Que bom.

– Muito bom.

Você recebe uma mensagem

Você continua falando com a sua mulher enquanto lê

Mensagem de anjodanoite05

anjodanoite05 te convida para a webcam

Você aceita e continua falando com a sua mulher

- Vocês estão fazendo o quê?
- Assistindo à televisão.
- O quê?
- Um filme.
- Sobre o quê?
- Não sei muito bem.

anjodanoite05 sorri.

anjodanoite05 pede para você convidá-la para a webcam

Você a convida para a webcam e você continua falando com a sua mulher

- Está fazendo frio?
- Não.
- Se fizer frio você põe o aquecedor no 4.
- Não está fazendo frio.

anjodanoite05 te liga

Você recusa a ligação

anjodanoite05 te liga de novo

Você recusa de novo

Você escreve "estou falando com meu filho" e você continua falando com a sua mulher

- E no mais, tudo bem?
- Tudo bem.
- O lobinho vai bem?

– Muito bem?

– Em forma?

– Em forma.

– O que vocês vão fazer amanhã?

– A gente vai ao cinema.

– Ver o quê?

– Não sei.

– Meu lobinho! Você está bem? Está com saudades do papai?

anjodanoite05 sorri para você

Você sorri para ela. Você também sorri para a sua mulher. Você também sorri para o seu filho. Você sorri para todo mundo porque o ser humano é afetuoso e isso te torna afetuoso também.

anjodanoite05 tira a camiseta

Seu filho não responde

Meu lobinho. Papai te ama.

Seu filho não responde

Sua mulher acaricia os cabelos dele

Fala com o papai.

Seu filho não responde

Ele assiste à televisão

Sua mulher segura o queixo dele

Olha o papai ali.

Seu filho não responde

anjodanoite05 aproxima os seios da webcam

O que você quer que o papai traga para você?

Seu filho não responde

Você olha para os seios de anjodanoite05 e você continua falando com teu filho

– Um Playmobil?

– Responde ao papai.

– Um Pokémon?

– Não gosto.

– Então um... Scooby doo?

– É pra menina.

Seu filho te responde olhando para a televisão

Você olha para os seios de anjodanoite05 e você continua falando com o seu filho

Sua mulher segura o queixo do seu filho

anjodanoite05 te mostra a calcinha

– Um Homem-Aranha?

– Não gosto

– Um carrinho, uma moto, um helicóptero, um barco?

– Não gosto

Você olha para os seios e para a calcinha de anjodanoite05 e você fica de pau duro

Você fica de pau duro e você tem vergonha de falar com seu filho

– Pensa então e me diz amanhã.

Seu filho não responde.

Sua mulher te olha desesperada

Você olha para os seios de anjodanoite05 e você diz para a tua mulher

– Boa noite, meu amor.

Sua mulher te responde.

Você desliga

Você liga para anjodanoite05

– Boa noite, meu amor

– Boa noite, meu lobinho
– Não, meu lobinho, não. O lobinho é meu filho.

Você tira a cueca
anjodanoite05 abaixa a câmera
Você olha para a tela
Você está feliz
Você está muito feliz

6. OPERADORA DE FABRICAÇÃO XANGAI M

Você cruza a linha amarela traçada no chão

De agora em diante você não poderá mais sair sem licença do perímetro cercado por ela

Caso contrário alerta e se alerta multa e se várias multas você pode ser demitida

Então você fica no seu lugar, numa superfície de um metro quadrado dentro de um espaço ilimitado

E você olha a câmera de vigilância enquanto escuta as instruções de segurança e os slogans da empresa

"Se não se esforçar no trabalho hoje,

Vai se esforçar procurando trabalho amanhã"/

Depois dos dez minutos obrigatórios de ginástica

A esteira começa a andar

Você coloca a máscara

E você começa a repetir o mesmo gesto a cada 8 segundos

1, 2 você mergulha o pincel na substância

3, 4 você deixa impregnar

5, 6 uma primeira camada na parte superior da placa de circuito impresso

7, 8 uma primeira camada na parte inferior da placa de circuito impresso

9, 10 você mergulha o pincel na substância

11, 12 você deixa impregnar

13, 14 uma segunda camada na parte superior da placa de circuito impresso

15, 16 uma segunda camada na parte inferior da placa de circuito impresso

17, 18 a esteira volta a andar e uma nova placa de circuito te espera/

Dois segundos de descanso

Tempo para respirar

para olhar os seus dedos rachados

para fechar os olhos

para engolir a saliva

para afastar os pensamentos

Proibido falar

Proibido rir

Proibido se mexer

Proibido olhar para fora do seu perímetro/

Acima de você numa passarela de 300 metros

Os supervisores supervisionam

Você os apaga da sua imaginação

Você canta na sua cabeça

Você corre na sua cabeça

Você dança na sua cabeça

Você ama na sua cabeça

Você patina na sua cabeça

Você nada na sua cabeça

7. ENGENHEIRA DE ESTUDOS E DESENVOLVIMENTO
BUCARESTE M

Seu escritório de plano aberto cheira a produtos de limpeza

O cheiro te incomoda e você aperta três vezes o Bom Ar *frescor do campo*

E você senta na cadeira ergonômica/

A garrafa térmica de café *duplo isolamento inox* está no lugar dela, entre a lista de funcionários e o painel cheio de post-its

Toda vez que você dá um gole

Você olha uma outra cara no organograma

Kazuharu Shigeatsu Nakamura

Strategic research and development manager

Kawasaki Site Directorate/

Inge Mette Sø rensen

Consultant Manager

Bergen Site Directorate/

Ashvin Dahana Sagar Sharama

Chief Executive Officer

New Delhi Site directorate/

Você coloca os fones de ouvido

Bota Mozart para tocar

E o dia começa/

Você abre o Powerpoint

Você abre o Excel

Você abre o Dreamweaver

Team System, Quark Express, Visio, Outlook, Access, Silverlight, Illustrator, Flash, Lotus, Rational Rose, Adobe, Launchpad, Eclipse, Messenger, Dragon Dictate, Merlin, Textexpander, Mediapro

E depois você abre a Webcamfirst

Vídeo de vigilância profissional a distância com softwares análogos

Você vê seis janelas

A cozinha, o banheiro, a sala, o quarto, a sala de jantar, o hall de entrada/

Você vê a sua filha e a babá

E você as verá o dia todo

E quando você não as vê fica gravado e você vê depois/

A gente não pode confiar nos estrangeiros

Sua filha deve ser bem cuidada

Sua filha deve ser bem protegida

Sua filha deve ser bem educada

Você começa a elaboração de uma grade evolutiva

Você trabalha ao mesmo tempo num slide show

Você responde a um e-mail

Você preenche uma planilha

Você modifica um gráfico

Você lança um diagnóstico

E você se sente atingindo a excelência

A colega da frente te faz um sinal

Você tira o Mozart e mergulha no concerto para cravo em dó maior dos teclados

– Conectada?

– Sim

– Manda o diagnóstico por e-mail

– Não acabei

– Tá brincando

– Não acabei, já disse

– Se você me mandar eu posso encaminhar as estatísticas evolutivas

– Não precisa

– Você sabe que eu posso baixar?

– Baixa. Eu bloqueei.

– Vai, manda.

– Não agora.

– Pelo menos compartilha a tela

– Espera, tá carregando.

– Você matou o *killer poke*?

– Matei.

– Como?

– Código espaguete

– Desenvolvimento al dente?

– Não pra mim.

– Código canguru tá bugado?

– Quebra tudo.

E enquanto essa idiota te faz perder tempo

Outra idiota deixa a sua filha se arrastar pelo chão

Então você diz "casa" em voz alta e começa a tocar

– Ela comeu?

– Comeu

– O quê?

– Purê de abobrinha

– Abobrinha orgânica?

– É

– No vapor?

– É

– E agora?

– Agora ela está brincando
– Não deixa ela se arrastar pelo chão
– Tá
– Passa aspirador também
– Tá
– Tem Veja Multiuso embaixo da pia.
– Tá
– Você lava bem as mãos depois. E hoje nada de parque. O índice de poluição está lá no alto.
– Tá
– Desinfeta também as pelúcias
– Tá
– A temperatura do quarto dela
– 22
– 19. Baixa pra 19. Vai nessa
– Tô indo

Ela não vai

Você vê, ela não vai

E a sua filha brinca no chão

E você se irrita terrivelmente

Então você coloca no YouTube o seu vídeo preferido

O mar, as ondas, o crepúsculo, as gaivotas, as nuvens cor-de-rosa, a espuma

Tudo isso te acalma

E você está pronta de novo para a excelência

8. SUPERVISOR DE TELEMARKETING (*TEAM-LEADER*)
DACAR H

Você troca de roupa

Você coloca um terno Versace falsificado

Você entra na plataforma e você diz

– Apliquem o *free sitting*

Você não fala inglês

Você não sabe o que quer dizer *free*

Você não sabe o que quer dizer *sitting*

Mas você sabe o que quer dizer *free sitting*

E você sabe que é um conceito moderno de recursos humanos que consiste em fazer os empregados se sentarem cada dia num lugar diferente para não fazerem amizade com o vizinho

– A amizade custa para a empresa e a gente precisa diminuir as saídas de dinheiro. Hoje eu não quero tempo de comunicação de mais de um minuto. E nada de pausas prolongadas. Cinco minutos por hora.

Você sai da plataforma e começa a fiscalizar os crachás dos funcionários

Um empregado – dois crachás

Um crachá verdadeiro que te permite controlar as horas de trabalho

Um crachá falso que te permite estar limpo diante dos controles de tempo de trabalho regulamentar

E depois disso você desce até a cantina e grita pela primeira vez no dia:

– Eu disse *Boeuf Bourguignon*. Duas vezes por semana a gente come comida francesa.

– Eu não encontrei carne

– Então faz *coq au vin, gratin dauphinois, daube provençale, confit de canard, hachis parmentier, poulet basquaise*...

E você recita a lista de pratos franceses tradicionais porque não foi à toa que você aprendeu de cor o *Petit miroir de la civilisation française*

– Eu não sei fazer esses pratos

– Não interessa. Tenta. Nós não comemos mais comida senegalesa. Nós pensamos em francês nós comemos em francês. Como é que podemos trabalhar para os franceses se não comemos a comida deles? Nossos corpos vivem em Dacar mas nossas vozes trabalham na França. Então na hora do trabalho nós comemos, no fuso horário, o que os clientes comem na casa deles. É uma técnica de marketing, entendeu?

Ele não entende, mas você não pode continuar

Porque o tempo corre e você tem que alcançá-lo

Você entra no escritório do chefe do telemarketing

Os outros *team-leaders* estão aqui

Você se senta no fundo da sala e você faz anotações

– O cliente francês desistiu. Ele não gostou. Resultados globais medianamente satisfatórios. Complicou. Tem que padronizar a atividade. Então a gente introduz um outro sistema CRM. Customer Relationship Management

– Quer dizer...

– Quer dizer gestão da relação com o cliente.

– Quer dizer...

– Quer dizer cuidar do cliente

– Quer dizer...

– Quer dizer base de dados. Vocês sabem o que é uma base de dados? Vocês não sabem nada. O agente introduz nessa base as informações relativas ao cliente, os dados, por isso base de dados. Assim nós temos o memorial de todos os contatos que o cliente fez com a empresa. Isso permite evitar certos abusos por parte do cliente ou personalizar a relação.

– Show.

– E vocês vão adorar os painéis luminosos nas paredes indicando as ligações em atendimento, as ligações em espera e o número de ligações "perdidas". Cabe a vocês fiscalizar. Assim os tempos de comunicação são limitados e as ligações muito longas são indicadas por um sinal luminoso na tela do supervisor.

– Beleza.

– O trabalho do teleoperador é roteirizado, padronizado e guiado por softwares de ajuda nas decisões. A linguagem é controlada e normalizada pela utilização importante de roteiros e suportes escritos. O diálogo é de fato todo roteirizado para um rendimento otimizado.

– É Hollywood.

– Totalmente.

– Mas isso quer dizer...Quer dizer treinamento em bloco. Quer dizer subir o nível. Quer dizer horas suplementares não remuneradas.

– Quer dizer isso, sim.

– Quer dizer menos tempo de trabalho efetivo.

– Não quer dizer isso, não.

– Então quando a gente faz os treinamentos?

– Depois do trabalho.

Você diz isso e depois você se esconde nas anotações.

O chefe do telemarketing sorri pra você

– Exatamente. É isso.

9. RESPONSÁVEL PELO CONTROLE DE QUALIDADE DOS TERCEIRIZADOS LYON H

– Meu papel é também garantir a capacidade dos terceirizados em responder às exigências da nossa empresa, particularmente no que diz respeito à proteção dos consumidores e à proteção das marcas do grupo na Europa.

Você espera

Você olha para o rosto dele

Você tenta pegar alguma reação

Nada

Você não compreende nada

Você não pode compreender

O rosto dele é incompreensível

Fosco opaco sem expressão

– Desculpa, o senhor poderia, por favor, detalhar a noção de proteção de marcas? Se o senhor puder, seria, realmente, seria...

– A proteção de marcas consiste na luta contra a falsificação. A gente leva essa luta em estreita colaboração com os nossos terceirizados e as autoridades de diferentes países em cooperação com uma vasta rede de investigadores externos e escritórios de advogados...

Você fala

Você encadeia palavras

Tudo para continuar falando

Você não suporta os silêncios

Você não aguenta o barulho da tua respiração

Você não aguenta a hesitação do outro

O tempo suspenso

O medo do fracasso/

Você escuta essa língua estrangeira

Ela te angustia

Você fala

Você fala para ouvir a sua voz

O tom certo e seguro
O ritmo das suas palavras/
Ele fala
Você fala
Você não o escuta você fala
Ele não o escuta ele fala
Vocês avançam nos corredores
Vocês entram nos galpões imensos
Você vê os corpos
Milhares de corpos
Os mesmos corpos fixados num movimento repetitivo, mecânico, automático
Os corpos das mulheres idênticos aos corpos dos homens
Dissimulados dentro de uniformes ásperos/
Você sorri invadido por um profundo amor pelo humano
Eles não te veem
Eles olham para as máquinas
Eles não te sentem
Eles repetem gestos integrados
Você avança, sorriso congelado na cara
E você fala

– Eles fazem quantas horas por dia?

– Oito horas.

– Sem horas suplementares?

– Se eles quiserem.

– Qual o salário deles?

– O salário regulamentar. Eles recebem casa e comida. Eles são bem alimentados. Três a quatro refeições por dia. O senhor quer provar?

– Não, parece ser bom para eles.

Você disse isso

As palavras te escaparam

Você teria preferido engolir as palavras, mas é tarde demais

Elas invadem o espaço

"Muito bom para eles"

Você mergulha num estado melancólico

Provocado por um sentimento de culpa nauseabunda

Você tem vergonha, mas você fala

Ele fala

Você fala/

Vocês entram num escritório todo decorado

Vocês se sentam ao lado de um altar

Você olha

Ele fala

– É minha mulher. Ela faz oferendas pela prosperidade da empresa. Hoje ela fez uma oferenda por você, por nós, para que os nossos negócios avancem. Para fechar. Uma oferenda. Nozes, arroz, óleo, flores.

– É bonito.

O ser humano é afetuoso

E você é invadido por um amor profundo pela sua espécie/

Vêm lágrimas aos olhos

E para cortar você começa a falar

– Nós estudamos a sua oferta. Nós não podemos dar mais de 4 dólares por placa de circuito impresso.

– 6 dólares

– 4,20

– 5,80

– 4,40

– Eu não posso menos que 5,50. Você viu as condições de trabalho. Tudo está dentro das normas. Isso implica custos.

Os salários também. A performance tem um preço.

– 4,50.

– Perfeito

Ele aperta a tua mão

Você mostra um sorriso congelado

Ele te oferece um presente

Você oferece também – uma caixa de vinhos

Ele parece feliz

Você abre o seu – uma caligrafia

– Eu que fiz.

– É bonito.

– Vamos comer.

10. ENGENHEIRA DE ESTUDOS E DESENVOLVIMENTO BUCARESTE M

Às 13 horas exatamente você sai com seu computador para o parque ao lado do escritório

Você se senta na grama, você precisa da grama

Mesmo que o índice de poluição ultrapasse

Você não consegue evitar/

Você come um sanduíche vegetariano preparado pelo seu marido com pão feito em casa com farinha orgânica sem glúten e você assiste à sua filha/

Você dá um *zoom* e olha os movimentos do peito dela

Desde o nascimento dos seus filhos você tem medo que eles parem de respirar/

Você levanta no meio da noite para olhar

E você sabe que um dia a respiração deles vai parar

Mas isso não deve acontecer enquanto você ainda respira/
Você liga para o seu maior, ele terminou a escola
Um ônibus deve levá-lo ao *after school*
E você quer verificar se está tudo bem
– É a mamãe
– Sim
– Tudo bem?
– Sim
– Você está no ônibus?
– Sim
– Foi tudo bem?
– Sim
– Você respondeu tudo?
– Sim
– Você verificou os resultados?
– Sim
– Você vai tirar nota boa?
– Sim
– Tem que mirar a excelência
– Sim
– Você está cansado?
– Sim
– Você tomou suas vitaminas?
– Sim
– Eu vou te buscar de noite
– Sim
– Eu te amo.
– ...
– Você me ama?

– Sim
Você deita na grama e olha para o alto
Passa um avião
E você imagina os passageiros:
Em fuga, suspensos no céu, um raro momento de liberdade/
Você retoma a grade evolutiva
Em cinco cliques está feito
Então você desliga o computador e você vai ao supermercado
Você enche o carrinho sem olhar o que você amontoa/
Hoje você não está com vontade de consultar a lista no iPad
Então você está com três garrafas de azeite
15 barras de chocolate
3 pacotes de farinha
4 caixas de açúcar
E um monte de outras besteiras que vão apodrecer na geladeira/
Você espera 15 minutos no caixa
Você vai se atrasar outra vez e hoje não é dia
Você olha o crachá da moça do caixa: Um emoji escrito embaixo
Eu sorrio para você
Mas, na verdade, ela não sorri
E você se pergunta como nós chegamos a esse ponto de substituir os sorrisos por sinais/
Então para remediar a situação
Você se força a sorrir para ela
Mas o máximo que você consegue é uma careta

11. OPERADORA DE FABRICAÇÃO XANGAI M

– Hoje de manhã eu acumulei 6 minutos. Dois cigarros, uma garrafa d'água e o tempo de fazer xixi

– Eu não consigo acumular nada

– Você é diferente. Na linha de montagem sou eu quem começa a sequência. Assim que a caixa entra no meu espaço eu começo a montar. Se eu trabalho rápido sobram alguns segundos. Ou eu aproveito para respirar um pouco ou eu intensifico o esforço e recomeço a sequência. Depois de uma ou duas horas eu consigo acumular 2 minutos se me esforçar. Hoje, em 5 horas eu acumulei 6.

Você olha para ele e você não entende o que ele te diz

Você gosta dele na sua cabeça

Você capta o cheiro dele

Você engole a voz dele

Você aspira o sorriso dele

Você come sua marmita de arroz com legumes

Você o escuta sem entender

Você está feliz

Porque os corpos de vocês estão lado a lado no meio de um monte de corpos enfileirados nos 700 metros quadrados da cantina/

Você sente a respiração dele no seu pescoço

E você está feliz

– Você sabe que entre as torres de resfriamento e os enormes reservatórios fumegantes um homem poderia desaparecer sem deixar nenhum traço além da sua carteira de identidade plastificada e do seu relógio de pulso?

– Eu sei sobre os desaparecidos.

– Você sabe o quê?

– Que eles desapareceram.

– Onde?

– Eles foram pulverizados.

– Como um corpo poderia ser pulverizado?

– Sendo.

– Eu vi esses homens.

– Os desaparecidos?

– Não. Os que restam.

– Os que vão desaparecer...

– Eles andam enrolados para se proteger do calor. Como múmias.

– Todos nós vamos desaparecer

– Pulverizados?

– Em partículas

12. SUPERVISOR DE TELEMARKETING (*TEAM-LEADER*) DACAR H

Você entra na sala de reunião

Um grande anfiteatro lotado de gente que quer uma vaga na sua plataforma

Você olha para eles

Você olha para eles de novo

Eles não se mexem

Eles quase não respiram

E você fala para eles

– Nossa empresa é a líder mundial no mercado de terceirização em telecomunicações. Nossa empresa é a *number one*. Nossa empresa é *top*. Nossa empresa oferece condições de trabalho de nível europeu. Nossa empresa oferece remunerações interessantes com perspectiva de evolução rápida.

Mas. Mas. Mas nós temos grandes responsabilidades. A empresa francesa nos confia os seus clientes. Então nós devemos estar à altura das suas expectativas e nós todos sabemos quais são as expectativas dos franceses. Aqui é preciso atingir metas. Aqui é preciso acreditar no produto que nós vendemos. Aqui é proibido dizer não. Aqui é proibido desligar. Aqui é proibido falar outra língua. Aqui nós pensamos em francês, comemos em francês, nós temos nomes franceses. Aqui nós trabalhamos para a França. E agora, sucessivamente, vocês vão dizer três vezes: *"Les chaussettes de l'archiduchesse sont elles sèches ou archi-sèches."*

E eles dizem sucessivamente *"Les chaussettes de l'archiduchesse sont elles sèches ou archi-sèches."*

E você ri

E depois você os convida a sair e faz a triagem

Sem sotaque, sem voz grave, sem tom agressivo/

Você coloca a lista na porta e você espera o primeiro candidato

Reprovado

O segundo candidato

Reprovado

O terceiro candidato

Reprovado

O quarto candidato

Reprovado

O quinto candidato

Reprovado

O sexto candidato

Reprovado

O sétimo candidato

Reprovado

O oitavo candidato

"Que bunda", você se diz vendo ela fechar a porta

E você sorri

Ela também sorri

– Como você se chama?

– Adiouma Diandy

– E aqui, como você vai se chamar?

– Adiouma Diandy

– Não, aqui você não vai se chamar Adiouma Diandy

– Vou sim. Adiouma Diandy

– Marie-France Martin

– Adiouma Diandy. Por quê? Não tem Adiouma Diandy na França?

– Não tem Adiouma Diandy aqui.

Você tenta se acalmar

Uma garota com uma bunda bonita não pode jamais te irritar

Respira e ataca

– Sabe o que nós vamos fazer? Nós vamos fazer um teste. Você fica aqui por um dia e você usa o seu Adiouma Diandy. Se você atingir as metas você fica com ele, mas eu te digo que você não vai atingir nada. Você precisa fazer o quê, nesta vaga?

– Atender ao telefone.

– O que você deve dizer primeiro?

– Atendimento ao cliente, bom dia. Eu me apresento: Adiouma Diandy. Em que posso ajudar?

– E depois?

– Eu escuto.

– E depois?

– Eu procedo com o formulário que aparece na tela.

– Você procede como com o formulário?

– Eu faço o procedimento.

– Como?

– Eu leio o que está escrito.

– Mas você lê como?

– Eu leio. Como você quer que eu leia?

– É preciso fazer o cliente acreditar que nós conhecemos perfeitamente o dossiê dele, quando na verdade, o sistema de chamadas geradas automaticamente faz com que nós só vejamos o dossiê 40 segundos antes de falar com o cliente. Entendeu?

– Tá.

– E depois?

– Eu transfiro a ligação

– Como você transfere a ligação?

– Com os dedos.

– Escuta, com essa atitude não vai dar. Não vai dar mesmo.

– Você viu meu CV? Eu tenho mestrado. Vai dar. Eu sei transferir uma ligação. Qualquer bípede sabe fazer isso.

– Me dá o seu telefone.

– 33...

– Não. Não o número. O telefone.

– Por quê?

– Coloque-o sobre a mesa. Venda pra mim o seu telefone.

– Quê?

– Aqui nós vendemos, senhorita. Não é com uma bunda bonita que nós vendemos. Eu quero ver como você vende. Então me venda o telefone.

Ela não se mexe

Ela olha direto nos teus olhos

Ela fica bonita com raiva

– Não

– Você não quer me vender o telefone?

– Não.

– Então eu temo que a entrevista tenha terminado.

Ela sai

Você olha uma última vez sua bela bunda

E você não se interessa

Você não vai poder nem pegar

Você escreve um REPROVADA grande ao lado de Adiouma Diandy e você bebe metade da garrafa de 2 litros d'água de uma vez só.

13. RESPONSÁVEL PELO CONTROLE DE QUALIDADE DOS TERCEIRIZADOS LYON H

Você volta para o hotel com a barriga cheia

E o coração repleto de bons sentimentos.

Para que a digestão não seja atrapalhada por pensamentos tóxicos

Você se diz que, em todo caso, essas pessoas precisam de dinheiro

E que se não for você vai ser um outro

E que 900 iuanes por mês é melhor que nada

E que uma placa de circuito a cada oitenta está fora das normas

E que não foi você quem criou o mundo

E que não é você quem estabelece as regras

E que não é você o culpado

E que não é você o responsável por tudo isso

E para mostrar para a sua consciência que você não é

Você abre o computador e você acessa o espaço *"communication reporting"* com seus superiores

– Quanto ao monitoramento do site do telemarketing de Dacar nós temos resultados globais medianamente satisfatórios para uma volumetria de chamadas a 838.000

– Muito pouco. Qualidade dos processos?

– Satisfatória

– Especialização dos operadores?

– Pouco satisfatória

– Planejamento operacional?

– Pouco satisfatório. Não. Muito pouco satisfatório.

– Taxa de abstenção

– 12%

– Enorme. Taxa de *turn over*

– 9%

– Nível de atendimento

– 78%

– Muito pouco. Taxa de *recall*

– 34%

– Enorme. Tempo de comunicação médio

– TCM 58 segundos

– Enorme

– Recomendações

– Implementar uma grade de escuta. Implementar uma ferramenta barométrica para avaliação dos serviços. Constituir bibliotecas de boas práticas. Homogeneização dos processos. Padronização da atividade. Normatização da semântica. Coleta e análise de dados históricos. Aplicação do princípio de decomposição. Análise dos efeitos sazonais. Escolha de um método de previsão...

E você emenda noções de marketing engolidas durante os longos anos de formação nas grandes escolas de comércio deste mundo.

Você poderia não parar nunca mais

Você poderia falar continuamente o resto da vida.

Falar de diagnósticos, de prognósticos, de avaliação, de recomendação, de reinjeção.

Falar para não se calar. Para não ouvir os silêncios, o barulho da sua respiração, a hesitação do outro, a suspensão do tempo, o medo do fracasso.

Você esgota o Senegal, você passa para a China.

Clica direto no arquivo
"compartilhamento de rede"

Você lista e eles te escutam

Você fala de números, você fala de porcentagens, você fala de gráficos, histogramas, testes de hipótese e planilha Excel.

E enquanto você fala você vê os corpos robóticos. Você vê os olhares vazios, você vê as grades nas janelas dos dormitórios, você vê a sujeira embaixo dos outdoors, você vê as câmeras de vigilância, você vê os cães de guarda... Você vê tudo o que você viu sem querer ver, você vê tudo o que você fingiu não ver, você vê tudo o que te impediram de ver, você vê tudo o que você vai dizer que não viu.

14. ENGENHEIRA DE ESTUDOS E DESENVOLVIMENTO BUCARESTE M

O francês está na sala de reuniões

Você se apresenta, ele aperta a sua mão

Todo mundo está ali/

Você abre o computador e espera a sua vez

Seu coração está acelerado

Para se acalmar você bebe água e desenha uma palmeira/

Às vezes você olha para o francês e tenta adivinhar seus pensamentos/

Ele é bonito, ele te atrai

Você se imagina na cama com ele para dessacralizar a coisa/

O diretor técnico te chama

Você conecta o seu computador ao projetor e acessa o PowerPoint/

Sua pronúncia é impecável, você sabe marcar as pausas

Você tem um pequeno problema com o subjuntivo, mas vai passar/

Você olha direto nos olhos dele

Ele gosta de você, certamente ele gosta de você/

Ele balança a cabeça como se concordasse com você

Mas no décimo sexto slide ele tomba a cabeça

Você aumenta um pouco a voz

Ele abre os olhos pela metade sorrindo

E você continua, mas agora uma frase não sai da sua cabeça

"Não durma"/

Você termina a apresentação e você volta para o lugar

Você sente o fracasso/

Para se acalmar você bebe água e você desenha outra palmeira

E você só pensa no bolo de chocolate, baunilha e chantili que escondeu no seu armário de manhã

Três horas depois você tem uma floresta tropical na sua folha

E o francês se prepara para falar

  – Eu estou deslumbrado com a qualidade das pesquisas de vocês. Nós sempre soubemos que os engenheiros romenos são o *top* do *top*. Parabéns. Vocês vão contribuir para a revolução digital mundial, pois, como vocês sabem, nossa empresa é a número um no mercado internacional. Nossas equipes francesas ficarão honradas de acolher um de vocês por três anos com a finalidade de realizar essa inovação. A escolha é muito difícil. Todos vocês fizeram um trabalho notável, um esforço coletivo, vocês formam uma bela equipe. Nós gostaríamos de levar todos, mas, como vocês sabem, é impossível. Nós somos limitados pela realidade dos números. Então, para não prolongar mais o suspense... nós escolhemos a senhora...

Ele não disse o seu nome

Ele disse o nome da idiota que queria baixar de você de manhã

Uma loura vulgar de mau gosto

Você abre a Webcamfirst e você olha para a sua filha

Ela espalhou papinha de banana por tudo que é lado e agora está brincando de desenhar nas paredes com os dedos sujos/

Você sorri para ela, na tela, com os olhos cheios de lágrimas

15. SUPERVISOR DE TELEMARKETING (*TEAM-LEADER*) DACAR H

No almoço você não quer comer o prato francês senegalizado de merda

Você está sem fome

Adiouma Diandy tirou seu apetite

Você tem um nó no estômago

E você não entende como uma mulher com uma bunda tão bonita pode fazer isso com você/

"O que está acontecendo neste país para as mulheres virarem cobras? O que está acontecendo na minha cabeça para essa mulher virar cobra diante dos meus olhos?

Como tirar esse gosto amargo da sua presença, da sua ausência?"/

As perguntas batem nas paredes do teu crânio

E você anda rápido em direção à praia na contramão dos passantes

Você deita na areia o olhar na direção do mar

E você se pergunta como parar tudo isso/

Parar a correria

Parar o tempo

Parar o dinheiro

Parar a angústia

Parar tudo o que deixou o ser humano amargo/

E você se dá conta que você mesmo perdeu o gosto/

Você passa o tempo em escritórios de PVC

Você dorme na metade de uma cama mofada ao lado de um cara que ronca a mil por hora

Você se agarra três horas por dia numa barra enferrujada de uma van – índice de acidente 60%

Você trepa duas vezes por mês a 5.000 francos CFA

E principalmente, principalmente, você cala bem a boca/

Então você tira o terno Versace falsificado e você mergulha no mar

Você nada longe, o olhar na direção do horizonte

E por um segundo você se diz que poderia nunca mais voltar/

Mas o segundo passa

E o tempo corre e você precisa alcançá-lo

Então você veste o terno Versace falsificado e dá meia-volta

Você entra na plataforma, você para ao lado de uma roda de papelão malfeita e você diz:

– O primeiro que fizer uma venda com cartão tem o direito de girar a roda. Os prêmios: um café, um ingresso para uma partida de luta livre ou um engradado de cerveja

Eles riem e você diz:

– Usem palavras de impacto, palavras sugestivas, palavras que façam comprar. Eu quero um tom enérgico, dinâmico, entusiasmado, sem ser agressivo. É preciso saber marcar os tempos de pausa, variar a entonação, enfatizar certas palavras aumentando o volume da voz. Acompanhem a argumentação por gestos apropriados: postura confortável sem ser imóvel, olhar mais ou menos sustentado, gestos que acompanham o significado das palavras. E, principalmente, não esqueçamos: somos todos Marie-France Martin e Jean-Pierre Dumond.

16. OPERADORA DE FABRICAÇÃO XANGAI M

Você olha para o telão suspenso acima de vocês

OBJ(etivos)

EQU(ipe)	DIA	SEM(ana)
4 500	13 500	81 000
COM(eçados)	FIN(alizados)	ENT(regues)
1450	1446	1440

DSA (dias sem acidente de trabalho)

5

Você conta as placas de circuito finalizadas

1.448

Isso te acalma

Isso te tranquiliza

Isso te faz passar o tempo

É tudo para passar o tempo

Matar o tempo, cortar o tempo
Você sente a bexiga cheia
E você gostaria de esvaziá-la
Mas você não pode atravessar a linha amarela/
E mesmo se você atravessasse
Os banheiros são vigiados por seguranças
E a multa aumenta para 100 iuanes/
Então você conta e contrai o períneo
Sai água dos seus olhos e a máscara absorve/
O supervisor passa

– Autorização expressa, por favor!
– Esgotado por hoje.
– Por favor
– Vocês querem todos ir ao banheiro. Então quem vai trabalhar? Nós não podemos quebrar a corrente.
– Por favor
– Eu tenho autorização para 50 operários. Eu dei 10. Tudo o que eu tinha.
– Por favor
– Nós não podemos parar uma produção mundial para você mijar.

Ele se aproxima de você
Você sente a saliva dele na sua nuca
Você corre na sua cabeça
5, 6 uma primeira camada na parte superior da placa de circuito impresso
Você sente as unhas dele na sua pele
7, 8 uma primeira camada na parte inferior da placa de circuito impresso
Ele aperta o seu ombro
9, 10 você mergulha o pincel na substância

Ele te diz alguma coisa no ouvido
Você balança a cabeça para cima e para baixo e
11, 12 você deixa o pincel impregnar/
Ele desativa a faixa amarela com um controle remoto
Ele te pega pelo braço e te leva para fora
Atrás do galpão você abaixa as calças, você se agacha e urina/
Ele te olha com as mãos nos bolsos e um grande sorriso

17. RESPONSÁVEL PELO CONTROLE DE QUALIDADE DOS TERCEIRIZADOS LYON H

Você bebe a terceira dose de uísque na sala de embarque *business premium* e dessa vez o álcool não adianta, pois você continua a flutuar num estado misturado confuso entre um começo de depressão e uma revolta sufocada pelos seus dois créditos rotativos. Você se diz que deve ser o fuso para manter a angústia sob controle. Você olha o painel de embarque e você sonha com embarcar na direção contrária ao seu destino final. Você sonha e você engole. O uísque escorre pela sua garganta com um misto de frustrações e de responsabilidades, de medos e de fracassos. Você olha os gráficos inacabados na tela do iPad e você fecha o arquivo. Você se deita numa poltrona de massagem e você esquece o seu corpo. Se você pudesse abandoná-lo nessa sala de espera... partir sem essa carcaça repleta de ordens, de prazos e de previsões... Você não consegue formular com clareza os seus pensamentos. Eles te atravessam de maneira sensível intuitiva como a voz que te convida a se apresentar no portão de embarque. Você ouve o seu nome sem reagir, como se ele não pertencesse a você. Você prefere ficar grudado nessa poltrona, mas já faz algum tempo que você desistiu de ouvir os seus desejos. Então você começa a andar, a avançar, a ocupar o seu lugar no avião, a tirar da bolsa os seus objetos pessoais e no meio de tudo isso você se lembra: você aos 16 anos; você queria ser repórter de guerra. Finalmente você não está longe disso. Você se tornou relator de guerra, só que você não corre nenhum risco com as guerras que você cobre, pois tudo acontece em escritórios com ar-condicionado. As bombas explodem apenas nos corpos daqueles que preenchem as estatísticas.

Você não quer remexer nesses assuntos, então você abre o iPad, você olha os seios de anjodanoite05 mas não acontece nada, então você desliga tudo e pede outro uísque.

As horas passam e você não consegue dormir. A comissária de bordo te recusa a quinta dose de uísque, que idiota. Então você abre a *CartaCapital* e você lê "Indústria têxtil na Índia, o pior trabalho do mundo".

E você vê uma mulher dormindo em cima da máquina de costura, e uma outra tomando soro na veia.

E você lê "KPR é uma empresa indiana fornecedora do Carrefour, Pimkie, 3 Suisses, Décathlon, Kiabi, Gap, C&A e H&M..."

E você ainda lê "KPR colocou em prática nas suas fábricas o sistema Sumangali. Surgido há cerca de dez anos, esse sistema consiste em fornecer, durante três anos, empregos na indústria têxtil para meninas (em torno de 14 anos) solteiras e vindas das zonas rurais mais pobres. No fim de três anos, as meninas recebem de 500 a 800 euros para pagar o seu dote".

E você ainda lê "Na KPR, todas essas jovens ficam 24 horas por dia fechadas dentro da fábrica".

E você ainda lê "Muitas são as jovens que não aguentam os três anos e que, portanto, não recebem o seu 'dote'. E que, além do mais, ficam doentes (bolas de algodão nos pulmões, anemia, asma, sangramentos crônicos...) ou deficientes para o resto da vida (dedos amputados, deformações graves nos dedos e nos joelhos...)".

E você ainda lê "Aqui, as jovens são felizes".

E você larga a *CartaCapital* e você se diz: terceirização da Índia jamais.

E você vai ao banheiro e você lava o rosto e você escova os dentes, pois logo vai começar o estudo técnico de Bucareste.

18. SUPERVISOR DE TELEMARKETING (*TEAM-LEADER*) DACAR H

Você chega na igreja/

Você se senta no seu lugar no primeiro balcão cadeiras de plástico sem almofada/

Você a vê

Ela está no lugar dela na plateia cadeiras de plástico com almofada

Você gostaria de estar ao lado dela mas ainda não pois não tem senioridade suficiente

E nem tempo de contribuição suficiente/Seu vizinho olha para você

Você olha para ele

– Você está aqui há muito tempo?

– Cinco meses. Novato?

– Sou.

– Como é que você está no primeiro balcão?

– Estava livre e...

– Não é assim que funciona. Primeiro você se senta no segundo balcão, banco de madeira sem almofada. Depois você evolui. Você pode chegar até a plateia, segunda fila, poltrona estofada. Primeira fila, poltrona de couro, jamais, é para os ministros e os convidados. Por que você está aqui?

– Para procurar uma esposa com boa reputação.

– Uma cristã engajada, então.

– Você também?

– É. As mulheres aqui temem a Deus e são menos materialistas que as que estão por aí. São bem formadas espiritualmente, revelam-se boas esposas, pois sabem evitar as tentações.

– Completamente. Você é noivo?

– Sou.

– Há muito tempo?

– Quatro meses. Eles prolongaram o período para ter certeza de que nos tornamos verdadeiros cristãos e de que não vamos abandonar a igreja.

– Espertos

– Espertos mesmo

– Onde está a sua pastora?

Você aponta o dedo na direção da plateia

E nesse momento

Ela se levanta da cadeira de plástico com almofada

Você olha para a bunda dela e você se diz "Nada mau, mas não é a mesma coisa que..."

E você se lembra da bunda de Adiouma Diandy

E você fica com raiva de novo

E assim que a raiva passa

Você sente vergonha/

E depois você sente vergonha da sua vergonha e isso não acaba nunca/

O ministro pega os óculos

O ministro pega o microfone

O ministro olha para a sala

E o ministro diz:

– Meu caro amigo, minha cara amiga. Você sabe que foi especialmente criado por Deus? Você sabe que o Deus que te criou quer que você esteja satisfeito com a sua vida? Você sabe que Deus, por um amor especial por você, te deu a capacidade sexual que você tem? Você sabe que Deus te deu essa capacidade sexual para o seu bem e não para a sua destruição? É, a sua capacidade sexual não veio por acidente. Não há nada de ruim no sexo. Essa é uma das dádivas que Ele deu aos homens que criou. Deus, sendo o Criador das nossas capacidades sexuais, conhece melhor que nós as condições em que essas capacidades devem ser utilizadas para trazer uma satisfação duradoura. Essas condições foram claramente anunciadas no Seu "Livro de instrução sobre Assuntos Sexuais". Esse livro de instrução sobre Assuntos Sexuais é chamado de Bíblia.

Você escuta o ministro e não sente mais vergonha

E você se diz que todas essas histórias tipo Adiouma Diandy vão se apagar um dia, pois Deus criou o homem com a maravilhosa capacidade do esquecimento.

19. ENGENHEIRA DE ESTUDOS E DESENVOLVIMENTOS BUCARESTE M

Você se concentra nos lábios vermelhos da sua gerente do banco

O batom ultrapassa levemente o contorno dos lábios

– Então a senhora tem o benefício de um crédito imobiliário para hipoteca com uma taxa reajustável por 25 anos. A senhora quita as mensalidades há 6 anos. A senhora tem igualmente o benefício de um crédito rotativo com uma taxa de desgaste de 20%. Muito bem negociado. É o pacote fidelidade, se eu não me engano? A senhora deseja adquirir um segundo crédito imobiliário para uma residência secundária. O importante, quando se constrói, é poder diferençar os primeiros reembolsos. Se o seu plano de financiamento comporta vários empréstimos é possível combinar as mensalidades para pagar um montante global constante. E também é útil adaptar o montante das mensalidades em caso de aumento de receita ou de despesas imprevistas. Nós oferecemos igualmente a opção de adiamento de uma ou várias mensalidades para maior conforto.

Você não a escuta mais

Você olha o porta-retratos com uma foto do casamento dela em preto e branco, vinte anos antes, 30 quilos a menos

E o cartaz com a propaganda de seguro de vida com suporte múltiplo e custo de arbitragem incluído/

Você finalmente identifica o cheiro do escritório dela: uma mistura de tapete sujo e comida requentada no micro-ondas

– A senhora sofre de alguma doença ou problema de saúde crônico?

– Não

– A senhora já se submeteu a alguma cirurgia na vida?

– Não

– A senhora já teve câncer?

– Não

– A senhora tem próteses dentárias?

– Não

– A senhora está na menopausa?

– Não

– A senhora é fumante?

– Não

– Fuma-se habitualmente dentro da sua casa?

– Não

– A senhora consome menos de três frutas e legumes por dia (frescos, em conserva ou congelados, crus ou cozidos, não incluídos batatas, massas, sêmola, arroz, trigo)?

– Não

– A senhora fez teste de HIV este ano?

– Não

– A senhora se drogou nos últimos três anos?

– Não

– A senhora trocou de parceiro sexual nos últimos três anos?

– Não

– A senhora tirou licença do trabalho por um período superior a uma semana nos últimos três anos?

– Não

– A senhora sofreu acidentes nos últimos três anos?

– Não

– Nas últimas 24 horas, quer dizer, desde ontem na mesma hora, a senhora usou medicamentos?

– Não

– Nas últimas 24 horas, quer dizer, desde ontem na mesma hora, há medicamentos que a senhora não tomou mas deveria ter tomado?

– Não

– A senhora já fez alguma tentativa de suicídio?

– Não.

20. OPERADORA DE FABRICAÇÃO XANGAI M

Você entra na sala de saco de pancada *punching ball*

Você o vê dando socos num boneco de plástico inflável

Ele dá socos e grita/

Você toca no ombro dele

Ele se vira

Você não reconhece o olhar dele

E você se pergunta como alguém pode encher um corpo com tanto ódio/

Você acaricia o rosto dele

Ele te empurra e ele grita

– Eu afundei.

– O quê?

– Eu afundei.

– É o quê?

– Afundei. Afundei.

Ele dá socos e grita/

Você gostaria tanto de abraçá-lo, mas o medo te paralisa

Você nunca o viu tão distante da imagem que você tem dele nada mais terrível nas relações humanas/

Então

Você precisaria abraçá-lo

E ele precisaria te abraçar

Mas apesar disso

Você sai da sala e você anda pela noite/

Você pega uma bala anti-stress e você mastiga

Você mastiga a sua dor

Você mastiga a sua raiva

Você mastiga a sua fraqueza e as suas dúvidas

E depois de um tempo você recomeça/

No alojamento as meninas fazem a festa, fantasiadas de mulheres

Batom vermelho nos lábios, salto alto, espartilho de paetê

Elas brincam de estrela de cinema improvisando um karaokê num rádio detonado

Lo Shen fez um vestido com a cortina florida que separa a cama dela.

Ting Ting desenhou uma tatuagem de dragão cuspindo fogo no seio direito

Li Na dança como Madonna na frente de um caco de espelho quebrado

Ma Ku e Lim se beijam de língua como na televisão/
Você olha para elas e você ri/
E por um momento você esquece de tudo
Pois é disso que se trata: saber esquecer
Ter força para isso
Passar para outra coisa como se nada disso existisse
Como se tudo fosse apenas uma grande piada/
Lá pela meia-noite Ting Ting enrola um baseado
Li Na conta um filme que ela assistiu no cinema faz um mês um filme com uma mulher que esperava o fim do mundo
Ma Ku conta o dinheiro que ela tem que enviar para o irmão mais velho terminar os estudos
E você pergunta a Lim

– O que é que a gente fabrica aqui?

– Caixas

– E o que é que a gente coloca nessas caixas?

– Nada. Elas vão vazias.

– Para onde?

– Para longe.

– Para a América?

– Não. Para a França. Está escrito: Projetado na França, Fabricado na China

– E lá o que eles fazem com essas caixas?

– Eles veem TV.

– Você acha que eles nos veem na tela?

– Acho que não.

– Seria bonito se eles vissem o que as câmeras filmam quando a gente trabalha... Você não acha?

– Acho que não. Isso não vai interessar a ninguém.

– A mim, sim. Às vezes eu imagino que eu vou embora com uma dessas caixas. Eu fico olhando toda hora para a câmera para que eles filmem meus olhos. Sempre me disseram que eu tenho os olhos lindos.

– Quantos anos você tem, Da-Xia?

– 16

– Parece que tem 7. Você tem sonhos de menina.

– Lim... O que quer dizer eu afundei?

– Quem te disse isso?

– Chen.

– Eu afundei é ruim. Quando um operário é muito lento, "ele afunda", e então o lento desfile de caixas parece uma enxurrada impossível de fazer parar. Apenas 30 segundos de atraso e a próxima caixa avança com sua regularidade maquinal. E isso vai acumulando... Às vezes é tão aterrorizante quanto se afogar.

21. RESPONSÁVEL PELO CONTROLE DE QUALIDADE DOS TERCEIRIZADOS LYON H

Seu filho toma um sorvete e você olha pra ele/
Quando ele te olha você toma o seu sorvete
Você se esconde dentro do creme de chantili
Seus óculos de sol não te servem mais
Não hoje, depois de 48 horas de voo nas últimas 122 horas da tua vida
Você não sabe o que dizer para o seu filho
Talvez você devesse falar da tua viagem, do mundo, do outro, mas você não tem nada para dizer
Você não pode mentir para ele, você não pode dizer a verdade pois de fato você ama o ser humano apesar de tudo e é seu dever preservar a inocência de uma criança

Então você toma tranquilamente o seu sorvete

– Vai bem na escola?

– Vou

– O que você aprendeu de bom?

– Nada

– Você fez os seus deveres?

– Você não pode me deixar comer tranquilo?

– Posso. Toma sorvete tranquilo, meu lobinho.

Você também toma sorvete, aparentemente tranquilo, por trás dos óculos de sol, tentando entender seu filho de 5 anos, mas você não consegue entender.

Você espera ele terminar e você o leva até o carrossel e depois à montanha-russa e depois ao trem-fantasma, e depois ao rio encantado, e depois à pista de kart, e depois ao tobogã gigante. E enquanto seu filho consome um mundo de atrações você verifica as mensagens recentes no teu iPhone perturbado pelos emoticons enviados por anjodanoite05.

E você ouve de repente: Senhores clientes, senhoras clientes, o parque fechará as portas em cinco minutos, queiram se dirigir aos portões de saída.

E aí você percebe que o sol está desaparecendo, que você está imóvel há três horas diante do labirinto de espelhos e que o seu filho não está com você.

Você corre e você grita e você treme e a voz diz:

Senhores clientes, senhoras clientes, o parque fechará as portas em 5 minutos, queiram se dirigir aos portões de saída.

22. SUPERVISOR DE TELEMARKETING (*TEAM-LEADER*) DACAR H

Você volta para a sua casa

Não exatamente sua sua casa

Mas a sua casa provisória

Alugada por 30.000 francos CFA de uma família grande de classe média/

Todo mundo na frente da TV

Você pega o seu lugar e zapeia aleatoriamente/

Super flics sempre em patrulha

Super flics sempre em ação

"Eu sou rico com minha integridade"
diz Malika, sentando o pau nos criminosos

Un homme pour deux soeurs passa em seguida

Marc Arthur ama Henriette

Henriette ama Marc Arthur

Mas Henriette ama também sua irmã Muriel

Muriel começa a amar Marc Arthur

Marc Arthur começa a amar Muriel

E Muriel fica grávida/

Entre duas telenovelas você fica sabendo que
80% cento da população está excluída da proteção social

Escutas telefônicas clandestinas foram organizadas por uma personalidade política em Dacar

No hospital Albert Royer uma criança com febre alta demorou a ser atendida porque o médico estava dormindo

O Senegal entra com processo contra a polícia francesa depois da morte de um imigrante senegalês nos trilhos do metrô parisiense/

Quando o cara do FMI anuncia a criação de um órgão para gestão da dívida nós zapeamos para *Ma famille*

E aí toca o telefone

E você ouve a voz do chefe do projeto/

Incêndio

A palavra pulsa na sua cabeça
Os atores amadores da indústria televisiva africana se calam
E você ouve apenas a palavra incêndio/Seu corpo derrete/
Você transpira por todos os poros
Faz um calor do inferno, mas você está tremendo
Você está batendo queixo/
Oito mortos
O número de feridos foi esquecido
Você sai
Você abre a torneira e enfia a cabeça embaixo d'água
Você fica assim por minutos inteiros
Cabeça embaixo d'água
Até o carro do chefe do projeto parar à sua porta/
Sem tempo de vestir o seu Versace falsificado pois
O tempo corre e você precisa alcançá-lo

23. ENGENHEIRA DE ESTUDOS E DESENVOLVIMENTO BUCARESTE M

Você está há uma hora no engarrafamento da zona de revitalização urbana
Seu filho maior salva o mundo no videogame
Sua mãe te dá conselhos financeiros precisos ao pé do ouvido
O GPS diz para virar à direita, mas à direita tem um muro
– Reconfiguração de trajeto
– *They are coming*
– Tem que calcular a taxa global efetiva
– *Everything goes crazy*

– A taxa de juros econômica é menos importante

– Vire à esquerda

– Eu não posso, merda

– O quê?

– *Team, this is the man*

– Eu não estava falando com você, mamãe.

– Você fala com seu filho assim?

– Não, mamãe.

– Queira indicar o nome da rua

– *Ready to meet your team?*

– ING é melhor que Credit Bank ou Bancpost.

– Sim, mamãe.

– Desculpa, eu não entendi seu pedido. Queira indicar novamente o nome da rua.

– Os holandeses são os mais sérios.

– Eu sei, mamãe.

– *I'm ready to do meet my team*

– Desculpa, eu não entendi seu pedido. Queira indicar novamente o nome da rua.

– Rua da liberdade

– Você está me escutando?

– Estou, mamãe

– *You're ready to do it?*

– Desculpa, eu não entendi seu pedido. Queira indicar novamente o nome da rua.

– Rua da liberdade

– *I'm ready to do it*

– Você não está escutando?

– Estou, mamãe.

– Desculpa, eu não entendi seu pedido. Queira indicar novamente o nome da rua.

– Você sempre foi idiota

– Desculpa, eu não entendi seu pedido. Queira indicar novamente o nome da rua.

24. OPERADORA DE FABRICAÇÃO XANGAI M

As meninas abriram as cortinas que separam os espaços particulares

Seis beliches: três à esquerda, três à direita

Um corredor de 50 cm

Uma janela e uma mesinha

Você se senta à mesa

Você acende uma lanterna

E você começa a caligrafar:

"Não devemos economizar trabalho duro por aqueles que amamos"

"Aquele que fala muito age pouco"

"Aquele que sabe parar não se cansa jamais"

"Aquele que sabe obedecer saberá comandar."

"Aquele que sabe que nada sabe, eduque-o. Aquele que sabe que sabe, escute-o. Aquele que não sabe que sabe, desperte-o. Daquele que não sabe que nada sabe, fuja."

Palavras escolhidas pelo grande patrão/

Toda semana o assistente do assistente dele traz um papel rabiscado

E você faz caligrafias para ele/

5 iuanes cada

O minuto de atraso da manhã

Você desliza sobre o papel
Seus olhos ardem, mas a cabeça se esvazia
Você explode os pensamentos
E por um instante você esquece tudo
Pois trata-se disso: esvaziar, abandonar, lavar
Fazer uma triagem nas lembranças
Guardar apenas o que for de utilidade pública/
Escrevendo as palavras dos outros você esquece as suas
Por oito anos
Esporte radical, higiene corporal, autopreservação/
Você desliza sobre o papel por horas e horas durante a noite
Esse tempo é seu mesmo que você venda barato/
Quando a mão fica bloqueada você para você respira e você olha para fora
Você observa os vizinhos do alojamento em frente
Os retardatários da noite
as estrelas sufocadas pela fumaça
ou os vídeos que passam no grande painel publicitário/
Essa noite você vê um corpo que passa no espaço vazio iluminado pela luz amarela e verde da propaganda de preservativos Durex
Sua retina registra todas as posições intermediárias da queda
A tentativa de não ir ao chão, os últimos movimentos dos dedos, a mancha de sangue se formando ao lado da cabeça
Você não consegue mais fechar os olhos
Você fica grudada na morte dele
E você flutua na sua cabeça/
Você fica imóvel na janela por um tempo suspenso
Seu nariz escorre na tinta espalhada pela folha
Manchas negras cobrem as palavras

Ninguém mais vai entender nada/
De manhã elas te encontram sempre assim/

25. RESPONSÁVEL PELO CONTROLE DE QUALIDADE DOS TERCEIRIZADOS LYON H

Você olha fixo a parede cinza da delegacia esperando a próxima bateria de perguntas/
A seu lado uma cadeira vazia
Ao lado da cadeira vazia sua mulher
Um olhar de serial killer estampado nos olhos quando ela te viu
Olhar monstruoso transbordando do fundo das entranhas
Olhar cuspido e engolido logo depois/
Resta apenas o ódio/Sua memória se apaga/
Resta apenas a imagem do teu filho
E a frase dele "comer tranquilo"/
Você está além do medo, além da esperança
Vazio de sentido
Cheio de ferrugem

26. ENGENHEIRA DE ESTUDOS E DESENVOLVIMENTO BUCARESTE M

Você coloca o jantar no micro-ondas
Você prepara o banho da sua menor
Você liga a máquina de lavar
E você sai
Você anda pela rua da liberdade

Você para no primeiro caixa automático
Você saca um monte de dinheiro
Você para num segundo caixa automático
Você saca outro monte de dinheiro
Você para num terceiro caixa automático
Você saca um outro monte de dinheiro
Você para num quarto caixa automático
Você saca um outro monte de dinheiro
Você pega o carro e para no aeroporto/Seus dedos tremem
Dor de cabeça, sensação de vertigem, frio na barriga
Você chega diante do guichê *last tickets*
- Qual o próximo voo?
- Paris
- E depois?
- Londres
- E depois?
- Frankfurt
- E depois?
- Reykjavík
- Onde fica Reykjavík?
- Na Islândia
- Tem mar?
- Tem mar, mas é frio. Melhor ir a Antália. É o voo seguinte.
- Não, Reykjavík está bom.
- Uma pessoa?
- Sim
- Ida e volta por 2.456,17 RON
- E só a ida?
- Só fazemos ida e volta. A senhora vai pagar como?

– Em dinheiro
Você olha o seu cartão de embarque para Reykjavík
bebendo um drinque *Lady blue*
E você tem vontade de chorar
Mas não se deve chorar em público
E se você for ao toalete você corre o risco de recolherem o seu copo/
Você respira
Você respira mais
Você termina o *Lady blue*
Você se levanta
Você atravessa o estacionamento
Você entra no seu carro:
- Queira indicar o nome da rua
- Rua da liberdade

27. SUPERVISOR DE TELEMARKETING (*TEAM-LEADER*) DACAR H

Você entra na sala do chefe do projeto
Você se senta numa poltrona de couro que cola na sua pele
Ele te serve um uísque e se aproxima de você
- Foi durante o turno da noite. Quem teve essa ideia?
- O chefe do *call center*
- É você quem entrega os crachás?
- Sou.
- Você entregou antes do início do treinamento?
- Sim
- Então não tinha ninguém lá dentro

– Tinha, sim. Os do treinamento.

– Os crachás mostram o quê? Eles foram embora a que horas?

– Às 19h

– Então às 21:00 não tinha ninguém lá dentro.

– Tinha, sim. Os do treinamento.

– Na teoria não tinha ninguém lá dentro.

– Na teoria, não

– Eles invadiram. O chefe do telemarketing invadiu com eles. Eles cortaram o alarme. Por isso o curto-circuito. Nada de treinamento. Invasão.

Você toma um gole de uísque

Ele te dá tapinhas no ombro e abre a porta

Chegam os investigadores

Você toma um gole de uísque

Primeira pergunta

"19:00"

Segunda pergunta

"ninguém"

Terceira pergunta

"chefe do telemarketing"

Quarta pergunta

"invasão"

Quinta pergunta

"alarme"

Eles saem

Você toma um gole de uísque

Ele te dá tapinhas no ombro e fecha a porta

– Amanhã a gente retoma. O posto número 5 está intacto e precisa de um novo chefe. Parabéns.

Ele te dá tapinhas no ombro e abre a porta
Você toma um gole de uísque e sai

28. OPERADORA DE FABRICAÇÃO XANGAI M

Você se senta

Você acende uma lanterna e começa a caligrafar

Em meio ao barulho de duquesas vitorianas, gueixas, vampiros, mandarins, piratas, feiticeiras, guerreiras, caubóis, faraós, dragões que dançam no carnaval organizado pelo departamento de Recursos Humanos para atenuar os efeitos da última onda de suicídios na empresa/

Você esqueceu Chen

Você esqueceu a respiração dele no seu pescoço

Você esqueceu o corpo dele sugado pela terra

Você esqueceu o uso das palavras

Você esqueceu de contar até 16

Você esqueceu que não pode quebrar a corrente

Você esqueceu que nós vamos todos desaparecer em partículas/

Porque é disso que se trata: aprender a esquecer

Sobre a Coleção Dramaturgia Francesa

Os textos de teatro podem ser escritos de muitos modos. Podem ter estrutura mais clássica, com rubricas e diálogos, podem ter indicações apenas conceituais, podem descrever cenário e luz, ensinar sobre os personagens ou nem indicar o que é dito por quem. Os textos de teatro podem tudo.

Escritos para, a princípio, serem encenados, os textos de dramaturgia são a base de uma peça, são o seu começo. Ainda que, contraditoriamente, por vezes eles ganhem forma somente no meio do processo de ensaios ou até depois da estreia. Mas é através das palavras que surgem os primeiros conceitos quando uma ideia para o teatro começa a ser germinada. Bem, na verdade, uma peça pode surgir de um gesto, um cenário, um personagem, de uma chuva. Então o que seria o texto de uma peça? Um roteiro da encenação, um guia para os atores e diretores, uma bíblia a ser respeitada à risca na montagem? O fato é que o texto de teatro pode ser tudo isso, pode não ser nada disso e pode ser muitas outras coisas.

Ao começar as pesquisas para as primeiras publicações da Coleção Dramaturgia, na Editora Cobogó, em 2013, fui apresentada a muitos livros de muitas peças. Numa delas, na página em que se esperava ler a lista de personagens, um espanto se transformou em esclarecimento: "Este texto pode ser encenado por um ou mais atores."

Que coisa linda! Ali se esclarecia, para mim, o papel do texto dramático. Ele seria o depositório – escrito – de ideias, conceitos, formas, elementos, objetos, personagens, conversas, ritmos, luzes, silêncios, espaços, ações que deveriam ser elaborados para que um texto virasse encenação. Poderia esclarecer, indicar, ordenar ou, ainda, não dizer. A única questão necessária para que pudesse ser de fato um texto dramático era: o texto precisaria invariavelmente provocar. Provocar reflexões, provocar sons ou silêncios, provocar atores, provocar cenários, provocar movimentos e muito mais. E a quem fosse dada a tarefa de encenar, era entregue a batuta para orquestrar os dados do texto e torná-los encenação. Torná-los teatro.

Esse lugar tão vago e tão instigante, indefinível e da maior clareza, faz do texto dramático uma literatura muito singular. Sim, literatura, por isso o publicamos. Publicamos para pensar a forma do texto, a natureza do texto, o lugar do texto na peça. A partir do desejo de refletir sobre o que é da dramaturgia e o que é da peça encenada, fomos acolhendo mais e mais textos na Coleção Dramaturgia, fazendo com que ela fosse crescendo, alargando o espaço ocupado nas prateleiras das livrarias, nas portas dos teatros, nas estantes de casa para um tipo de leitura com a qual se tinha pouca intimidade ou hábito no Brasil.

Desde o momento em que recebemos um texto, por vezes ainda em fase de ensaio – portanto fadado a mudanças –, até a impressão do livro, trabalhamos junto aos autores, atores, diretores e a quem mais vier a se envolver com esse processo a fim de gravarmos no livro o que aquela dramaturgia demanda, precisa, revela. Mas nosso trabalho segue com a distribuição dos livros nas livrarias, com os debates e leituras promovidos, com os encontros nos festivais de teatro e em tantos outros palcos. Para além de promover o hábito de ler teatro, queremos pensar a dramaturgia com os autores, diretores, atores, produtores e toda a gente do teatro, além de curiosos e apreciadores, e assim refletir sobre o papel do texto, da dramaturgia e seu lugar no teatro.

Ao sermos convidados por Márcia Dias, curadora e diretora do TEMPO_FESTIVAL, em 2015, para publicarmos a Coleção Dramaturgia Espanhola na Editora Cobogó, nosso projeto não apenas ganhou novo propósito, como novos espaços. Pudemos conhecer os modos de escrever teatro na Espanha, ser apresentados a novos autores e ideias, perceber os temas que estavam interessando ao teatro espanhol e apresentar tudo isso ao leitor brasileiro, o que só fortaleceu nosso desejo de divulgar e discutir a dramaturgia contemporânea. Além disso, algumas das peças foram encenadas, uma delas chegou a virar filme, todos projetos realizados no Brasil, a partir das traduções e publicações da Coleção Dramaturgia Espanhola. Desdobramentos gratificantes para textos que têm em sua origem o destino de serem encenados.

Com o convite para participarmos, mais uma vez, junto ao Núcleo dos Festivais Internacionais de Artes Cênicas, do projeto Nova Dramaturgia Francesa e Brasileira, com o apoio da Comédie de Saint-Étienne – Centre Dramatique National, do Institut Français e da Embaixada da França no Brasil, reafirmamos nossa vocação de publicar e fazer chegar aos mais diversos leitores textos dramáticos de diferentes origens, temas e formatos, abrangendo e potencializando o alcance da dramaturgia e as discussões a seu respeito. A criação do selo Coleção Dramaturgia Francesa promove, assim, um intercâmbio da maior importância, que se completa com a publicação de títulos de dramaturgas e dramaturgos brasileiros – muitos deles publicados originalmente pela Cobogó – na França.

É com a maior alegria que participamos dessa celebração da dramaturgia.

Boa leitura!

Isabel Diegues
Diretora Editorial
Editora Cobogó

Intercâmbio de dramaturgias

O projeto de Internacionalização da Dramaturgia amplia meu contato com o mundo. Através dos textos me conecto com novas ideias, novos universos e conheço pessoas. Movida pelo desejo de ultrapassar fronteiras, transpor limites e tocar o outro, desenvolvo projetos que promovem cruzamentos, encontros e incentivam a criação em suas diferentes formas.

Esse projeto se inicia em 2015 com a tradução de textos espanhóis para o português. Ao ler o posfácio que escrevi para a Coleção Dramartugia Espanhola, publicada pela Editora Cobogó, constatei como já estava latente o meu desejo de ampliar o projeto e traçar o caminho inverso de difundir a dramaturgia brasileira pelo mundo. Hoje, com a concretização do projeto Nova Dramaturgia Francesa e Brasileira, estamos dando um passo importante para a promoção do diálogo entre a produção local e a internacional e, consequentemente, para o estímulo à exportação das artes cênicas brasileiras. É a expansão de territórios e a diversidade da cultura brasileira o que alimenta meu desejo.

Um projeto singular por considerar desde o seu nascimento um fluxo que pertence às margens, às duas culturas.

A Nova Dramaturgia Francesa e Brasileira reúne o trabalho de dramaturgos dos dois países. Imaginamos que este encontro é gerador de movimentos e experiências para além de nossas fronteiras. É como se, através desse projeto, pudéssemos criar uma ponte direta e polifônica, cruzada por muitos olhares.

Como curadora do TEMPO_FESTIVAL, viajo por eventos internacionais de artes cênicas de diferentes países, e sempre retorno com o mesmo sentimento, a mesma inquietação: o teatro brasileiro precisa ser conhecido internacionalmente. É tempo de romper as fronteiras e apresentar sua potência e, assim, despertar interesse pelo mundo. Para que isso aconteça, o Núcleo dos Festivais Internacionais de Artes Cênicas do Brasil vem se empenhando para concretizar a exportação das nossas artes cênicas, o que torna este projeto de Internacionalização da Dramaturgia cada vez mais relevante.

O projeto me inspira, me move. É uma força ativa que expande e busca outros territórios. Desenvolver o intercâmbio com a Holanda e a Argentina são nossos próximos movimentos. O espaço de interação e articulação é potencialmente transformador e pode revelar um novo sentido de fronteira: DAQUELA QUE NOS SEPARA PARA AQUELA QUE NOS UNE.

Sou muito grata ao Arnaud Meunier por possibilitar a realização do projeto, à Comédie de Saint-Étienne – Centre Dramatique National, ao Institut Français, à Embaixada da França no Brasil, à Editora Cobogó, aos diretores do Núcleo dos Festivais Internacionais de Artes Cênicas do Brasil e a Bia Junqueira e a César Augusto pela parceria na realização do TEMPO_FESTIVAL.

Márcia Dias
Curadora e diretora do TEMPO_FESTIVAL

Plataforma de contato entre o Brasil e o mundo

Em 2015, o Núcleo dos Festivais Internacionais de Artes Cênicas do Brasil lançava, junto com a Editora Cobogó, a Coleção Dramaturgia Espanhola. No texto que prefaciava os livros e contava a origem do projeto, Márcia Dias, uma das diretoras do TEMPO_FESTIVAL, se perguntava se haveria a continuidade da proposta e que desdobramentos poderiam surgir daquela primeira experiência. Após três montagens teatrais, com uma indicação para prêmio,[1] e a produção de um filme de longa metragem, que participou de diversos festivais,[2] nasce um novo desafio: a Nova Dramaturgia Fran-

---

* *A paz perpétua*, de Juan Mayorga, direção de Aderbal Freire-Filho (2016); *O princípio de Arquimedes*, de Josep Maria Miró, direção de Daniel Dias da Silva, Rio de Janeiro (2017); *Atra Bílis*, de Laila Ripoll, direção de Hugo Rodas (2018); e a indicação na Categoria Especial do 5º Prêmio Questão de Crítica, 2016.

** *Aos teus olhos*, adaptação de *O princípio de Arquimedes*, com direção de Carolina Jabor (2018), ganhou os prêmios de Melhor Roteiro (Lucas Paraizo), Ator (Daniel de Oliveira), Ator Coadjuvante (Marco Ricca) e Melhor Longa de Ficção pelo voto popular no Festival do Rio; Prêmio Petrobras de Cinema na 41ª Mostra São Paulo de Melhor Filme de Ficção

cesa e Brasileira. Esse projeto, que se inicia sob o signo do intercâmbio, dá continuidade às ações do Núcleo em favor da criação artística e internacionalização das artes cênicas. Em parceria com La Comédie de Saint-Étienne – Centre Dramatique National, Institut Français e Embaixada da França no Brasil, e, mais uma vez, com a Editora Cobogó, a Nova Dramaturgia Francesa e Brasileira prevê tradução, publicação, leitura dramática, intercâmbio e lançamento de oito textos de cada país, em eventos e salas de espetáculos da França e do Brasil.

Essa ação articulada terá duração de dois anos e envolverá todos os festivais integrantes do Núcleo. Durante o ano de 2019, os textos franceses publicados sob o selo Coleção Dramaturgia Francesa, da Editora Cobogó, percorrerão quatro regiões do país, iniciando as atividades na Mostra Internacional de Teatro de São Paulo (MITsp). A partir daí, seguem para o Festival Internacional de Teatro de São José do Rio Preto (FIT Rio Preto), Cena Contemporânea – Festival Internacional de Teatro de Brasília e Festival Internacional de Londrina (FILO). Depois, as atividades se deslocam para o Recife, onde ocorre o RESIDE_FIT/PE Festival Internacional de Teatro de Pernambuco e, logo após, desembarcam no Porto Alegre em Cena – Festival Internacional de Artes Cênicas e no TEMPO_FESTIVAL – Festival Internacional de Artes Cênicas do Rio de Janeiro. A finalização do circuito acontece no Festival Internacional de Artes Cênicas da Bahia (FIAC Bahia), em Salvador.

Brasileiro; e os prêmios de Melhor Direção no 25º Mix Brasil e Melhor Filme da mostra SIGNIS no 39º Festival de Havana.

Em 2020, será a vez dos autores e textos brasileiros cumprirem uma agenda de lançamentos no Théâtre National de La Colline, em Paris, no Festival Actoral, em Marselha em La Comédie de Saint-Étienne, na cidade de mesmo nome.

Confere singularidade ao projeto Nova Dramaturgia Francesa e Brasileira a ênfase no gesto artístico. A escolha de envolver diretores-dramaturgos para fazer a tradução dos textos para o português reconhece um saber da escrita do teatro que se constrói e amadurece nas salas de ensaio. Os artistas brasileiros que integram o grupo de tradutores são Alexandre Dal Farra, que traduz *J'ai pris mon père sur mes épaules*, de Fabrice Melquiot; Gabriel F., responsável por *C'est la vie*, de Mohamed El Khatib; Grace Passô, que traduz *Poings*, de Pauline Peyrade; a Jezebel de Carli cabe *La brûlure*, de Hubert Colas; Marcio Abreu se debruça sobre *Pulvérisés*, de Alexandra Badea; Pedro Kosovski faz a tradução de *J'ai bien fait?*, de Pauline Sales; Grupo Carmin trabalha com *Où et quand nous sommes morts*, de Riad Gahmi; e, finalmente, Renato Forin Jr. traduz *Des hommes qui tombent*, de Marion Aubert.

Outra característica do projeto é, ainda, a leitura dramatizada dos textos. Em um formato de minirresidência, artistas brasileiros, junto a cada autor francês, compartilham o processo criativo e preparam a leitura das peças. Cada um dos Festivais que integram o Núcleo apresenta o resultado desse processo e realiza o lançamento do respectivo livro. Será assim que as plateias francesas conhecerão *Amores surdos*, de Grace Passô; *Jacy*, de Henrique Fontes, Pablo Capistrano e Iracema Macedo; *Caranguejo overdrive*, de Pedro Kosovski; *Maré* e, também, *Vida*, de Marcio Abreu; *Mateus 10*, de Alexandre Dal Farra; *Ovo*, de Renato Forin Jr.;

Adaptação, de Gabriel F.; e *Ramal 340*, de Jezebel de Carli, que serão dirigidos por artistas franceses.

Essa iniciativa convida a pensar sobre o papel do Núcleo no campo das artes cênicas, sobre seu comprometimento e interesse na produção artística. Temos, ao longo dos anos, promovido ações que contribuem para a criação, difusão, formação e divulgação das artes da cena, assumindo o papel de uma plataforma dinâmica na qual se cruzam diferentes atividades.

A chegada à segunda edição do projeto poderia sugerir uma conclusão, o porto seguro das incertezas da primeira experiência. Mas, pelo contrário, renovam-se expectativas. É das inquietações que fazemos nossa nova aventura, força que nos anima.

Núcleo dos Festivais Internacionais de Artes Cênicas do Brasil

Cena Contemporânea – Festival Internacional de Teatro de Brasília

Festival Internacional de Artes Cênicas da Bahia – FIAC Bahia

Festival Internacional de Londrina – FILO

Festival Internacional de Teatro de São José do Rio Preto – FIT Rio Preto

Mostra Internacional de Teatro de São Paulo – MITsp

Porto Alegre em Cena – Festival Internacional de Artes Cênicas

RESIDE_FIT/PE – Festival Internacional de Teatro de Pernambuco

TEMPO_FESTIVAL – Festival Internacional de Artes Cênicas do Rio de Janeiro

CIP-BRASIL. CATALOGAÇÃO-NA-FONTE
SINDICATO NACIONAL DOS EDITORES DE LIVROS, RJ

B125p
Badea, Alexandra, 1980-
Pulverizados / Alexandra Badea ; tradução Marcio Abreu.- 1. ed.- Rio de Janeiro : Cobogó, 2019.
96 p. ; 19 cm. (Dramaturgia francesa; 4)

Tradução de: Pulverisées
ISBN 978-85-5591-085-2

1. Teatro francês (Literatura). I. Abreu, Marcio. II. Título. III. Série.

19-58375

CDD: 842
CDU: 82-2(44)

Vanessa Mafra Xavier Salgado- Bibliotecária- CRB-7/6644

Nesta edição, foi respeitado o Acordo Ortográfico da Língua Portuguesa de 1990, que entrou em vigor no Brasil em 2009.

Todos os direitos em língua portuguesa reservados à
Editora de Livros Cobogó Ltda.
Rua Jardim Botânico, 635/406
Rio de Janeiro – RJ – 22470-050
www.cobogo.com.br

© Editora de Livros Cobogó

Texto
Alexandra Badea

Tradução
Marcio Abreu

Editora-chefe
Isabel Diegues

Editora
Natalie Lima

Gerente de produção
Melina Bial

Revisão da tradução
Sofia Soter

Revisão
Eduardo Carneiro

Capa
Radiográfico

Projeto gráfico e diagramação
Mari Taboada

A Coleção Dramaturgia Francesa
faz parte do projeto
Nova Dramaturgia Francesa e Brasileira

Idealização
Márcia Dias

Direção artística e de produção Brasil
Márcia Dias

Direção artística França
Arnaud Meunier

Coordenação geral Brasil
Núcleo dos Festivais Internacionais
de Artes Cênicas do Brasil

Publicação dos autores
brasileiros na França
Éditions D'ores et déjà

COLEÇÃO DRAMATURGIA FRANCESA

É A VIDA, de Mohamed El Khatib
Tradução Gabriel F.

FIZ BEM?, de Pauline Sales
Tradução Pedro Kosovski

ONDE E QUANDO NÓS MORREMOS, de Riad Gahmi
Tradução Grupo Carmin

PULVERIZADOS, de Alexandra Badea
Tradução Marcio Abreu

EU CARREGUEI MEU PAI SOBRE OS OMBROS, de Fabrice Melquiot
Tradução Alexandre Dal Farra

HOMENS QUE CAEM, de Marion Aubert
Tradução Renato Forin Jr.

PUNHOS, de Pauline Peyrade
Tradução Grace Passô

QUEIMADURAS, de Hubert Colas
Tradução Jezebel de Carli

COLEÇÃO DRAMATURGIA ESPANHOLA

A PAZ PERPÉTUA, de Juan Mayorga
Tradução Aderbal Freire-Filho

ATRA BÍLIS, de Laila Ripoll
Tradução Hugo Rodas

CACHORRO MORTO NA LAVANDERIA: OS FORTES, de Angélica Liddell
Tradução Beatriz Sayad

CLIFF (PRECIPÍCIO), de José Alberto Conejero
Tradução Fernando Yamamoto

DENTRO DA TERRA, de Paco Bezerra
Tradução Roberto Alvim

MÜNCHAUSEN, de Lucía Vilanova
Tradução Pedro Brício

NN12, de Gracia Morales
Tradução Gilberto Gawronski

O PRINCÍPIO DE ARQUIMEDES, de Josep Maria Miró i Coromina
Tradução Luís Artur Nunes

OS CORPOS PERDIDOS, de José Manuel Mora
Tradução Cibele Forjaz

APRÈS MOI, LE DÉLUGE (DEPOIS DE MIM, O DILÚVIO), de Lluïsa Cunillé
Tradução Marcio Meirelles

COLEÇÃO DRAMATURGIA

ALGUÉM ACABA DE MORRER LÁ FORA, de Jô Bilac

NINGUÉM FALOU QUE SERIA FÁCIL, de Felipe Rocha

TRABALHOS DE AMORES QUASE PERDIDOS, de Pedro Brício

NEM UM DIA SE PASSA SEM NOTÍCIAS SUAS, de Daniela Pereira de Carvalho

OS ESTONIANOS, de Julia Spadaccini

PONTO DE FUGA, de Rodrigo Nogueira

POR ELISE, de Grace Passô

MARCHA PARA ZENTURO, de Grace Passô

AMORES SURDOS, de Grace Passô

CONGRESSO INTERNACIONAL DO MEDO, de Grace Passô

IN ON IT | A PRIMEIRA VISTA, de Daniel MacIvor

INCÊNDIOS, de Wajdi Mouawad

CINE MONSTRO, de Daniel MacIvor

CONSELHO DE CLASSE, de Jô Bilac

CARA DE CAVALO, de Pedro Kosovski

GARRAS CURVAS E UM CANTO SEDUTOR, de Daniele Avila Small

OS MAMUTES, de Jô Bilac

INFÂNCIA, TIROS E PLUMAS, de Jô Bilac

NEM MESMO TODO O OCEANO, adaptação de Inez Viana do romance de Alcione Araújo

NÔMADES, de Marcio Abreu e Patrick Pessoa

CARANGUEJO OVERDRIVE, de Pedro Kosovski

BR-TRANS, de Silvero Pereira

KRUM, de Hanoch Levin

MARÉ/PROJETO bRASIL, de Marcio Abreu

AS PALAVRAS E AS COISAS, de Pedro Brício

MATA TEU PAI, de Grace Passô

ÄRRÃ, de Vinicius Calderoni

JANIS, de Diogo Liberano

NÃO NEM NADA, de Vinicius Calderoni

CHORUME, de Vinicius Calderoni

GUANABARA CANIBAL, de Pedro Kosovski

TOM NA FAZENDA, de Michel Marc Bouchard

OS ARQUEÓLOGOS, de Vinicius Calderoni

ESCUTA!, de Francisco Ohana

ROSE, de Cecilia Ripoll

O ENIGMA DO BOM DIA, de Olga Almeida

A ÚLTIMA PEÇA, de Inez Viana

BURAQUINHOS OU O VENTO É INIMIGO DO PICUMÃ, de Jhonny Salaberg

PASSARINHO, de Ana Kutner

INSETOS, de Jô Bilac

A TROPA, de Gustavo Pinheiro

A GARAGEM, de Felipe Haiut

SILÊNCIO.DOC, de Marcelo Varzea

PRETO, de Grace Passô, Marcio Abreu e Nadja Naira

MARTA, ROSA E JOÃO, de Malu Galli

MATO CHEIO, de Carcaça de Poéticas Negras

YELLOW BASTARD, de Diego Liberano

SINFONIA SONHO, de Diego Liberano

2019

1ª impressão

Este livro foi composto em Univers.
Impresso pela gráfica Stamppa
sobre papel Pólen Bold LD 70g/m².